27
_In 1625.

NOTICE

LA VIE DE M. PICOT.

Nous payons aujourd'hui à la mémoire de M. Picot le tribut dont nous n'avons pu nous acquitter plus tôt. Il a fallu réunir les élémens d'une Notice destinée à résumer cette vie si pleine, mais si humble. Malgré nos efforts, le voile que la modestie de notre pieux et vénérable ami a jeté sur ses actions, les dérobe encore, pour la plupart, à notre connoissance.

On ne nous reprochera pas nos éloges. Ceux qui ont connu M. Picot ne trouveront point sans doute que nous en ayons trop dit : ceux de nos lecteurs qui ne l'ont pas connu, en auront probablement assez entendu dire du bien pour ajouter foi à ce que nous allons en rapporter. Empruntant ici les paroles dont il a fait lui-même précéder la biographie d'un saint prêtre (1), nous ajouterons :

« Outre que nous sommes fort éloigné par inclination de cette manie du siècle qui prodigue la louange sans discrétion, parce qu'il ne met pas assez d'importance à la vertu, nous sommes encore plus obligé, dans la circonstance présente, d'user de cette mesure et de cette réserve qu'il convient toujours d'observer. Il seroit déplacé de prendre le langage de l'exagération en parlant de l'homme le plus modeste ; il seroit ridicule que le ton de cette Notice fût contradictoire avec le caractère de celui qui en est l'objet. Nous le louerons donc principalement par les faits ; nous le montrerons dans toute la simplicité de sa vie : ses travaux et ses services parleront assez d'eux-mêmes, et sa mémoire demande, non un panégyriste, mais un historien fidèle. »

M. Picot (Michel-Pierre-Joseph), commandeur de l'ordre de Saint-Grégoire-le-Grand, chevalier des ordres de l'Eperon-d'Or et du Saint-Sépulcre, vice-président du conseil de l'OEuvre de la Propagation de la Foi, naquit le 24 mars 1770 à Neuville-aux-Bois, diocèse d'Orléans. Son père, homme d'un esprit cultivé et d'une instruction peu ordinaire, honoroit par sa religion et sa probité les fonctions de notaire et de procureur.

Les dix premières années de M. Picot s'écoulèrent à Neuville, où les exemples aussi bien que les leçons de ses parens le formoient à la piété et à la vertu. Mais sa ville natale n'offroit pas de ressources suffisantes pour son éducation. On songea donc à le confier, en même temps que son frère aîné, à un oncle paternel, M. l'abbé Michel-Alphonse Picot, qui, au sortir de la congrégation de l'Oratoire, avoit été attiré dans le diocèse de Bayeux par M. de Rochechouart, alors évêque de ce siége, né lui-même auprès de Neuville (1). M. l'abbé Picot devoit à ce prélat un canonicat dans la collégiale du Saint-Sépul-

(1) *Notice sur la vie de M. Emery,* page 2.

(1) *Ami de la Religion,* t. 16, p. 12.

cre, à Caen, bénéfice qu'il occupa pendant dix années.

Le chanoine, excellent parent, voulut que ses neveux, dont il entoura l'enfance d'affection et de soins, eussent un précepteur et qu'ils suivissent les cours de l'Université.

M. Picot nous apprend (1) qu'il eut pour maître de grec M. Guérard, du diocèse de Bayeux, destiné à un sublime apostolat. Ce fut en assistant au catéchisme pour sa première communion, que le jeune Guérard se sentit pressé du désir de prêcher la foi aux infidèles. Sa vocation naissante et son intelligence touchèrent le curé, qui lui montra les premiers élémens du latin. On l'envoya ensuite au collége de Caen, où son application fut telle qu'en peu d'années il eut parcouru le cercle ordinaire des études. Il avoit surtout une grande facilité pour les langues : il apprit en se jouant le grec et l'hébreu, et trouvoit le temps de former quelques disciples. M. Picot, l'un de ceux qui ont fait le plus d'honneur à leur maître, a dit, avec trop de modestie : « J'avoue à ma honte que je n'ai pas tiré de ses leçons tout le fruit qu'elles eussent dû produire. »

Ainsi commença l'éducation qui fut la base de ce savoir aussi profond que varié qu'on admiroit en M. Picot. Il apprenoit avec difficulté, mais sa mémoire tenace n'abandonnoit plus ce qu'elle avoit une fois saisi. Voilà le secret de la facilité merveilleuse avec laquelle on le voyoit répondre avec précision à toutes les questions d'érudition ; facilité telle, qu'entouré plus tard d'une bibliothèque nombreuse

(1) *Ami de la Religion*, t. 40, p. 50.

et choisie, il avoit à peine besoin de la consulter : il étoit lui-même une bibliothèque vivante.

M. Picot garda toute sa vie un souvenir profond des bontés de son oncle. Seulement, quoique ses actions témoignassent assez des dispositions parfaites avec lesquelles il s'étoit approché pour la première fois de la table sainte, il regrettoit d'avoir été préparé en particulier à cet acte solennel, envioit le sort des enfans qu'on envoyoit aux catéchismes de paroisse, et ne se consoloit pas qu'on l'eût éloigné des cérémonies publiques du grand jour, qui produisent dans l'ame des impressions ineffaçables.

On le destinoit à l'état ecclésiastique. En vertu d'un dimissoire accordé le 20 mai 1783 par l'évêque d'Orléans, il reçut, le 10 juin suivant, dans la chapelle du séminaire de Caen, la tonsure cléricale des mains de M. de Cheylus, évêque de Bayeux et premier aumônier de la comtesse d'Artois. Il avoit alors treize ans.

En 1785, il revint dans sa famille, et entra peu après au grand séminaire d'Orléans, gouverné par la Compagnie de Saint-Sulpice, pour laquelle il conserva toute sa vie des sentimens d'estime et de reconnoissance exprimés jusque dans son testament.

A propos de son séjour dans ce pieux asile, M. Picot a souvent raconté à un ami les premières impressions qu'il reçut, dès l'année 1788, sur les affaires de l'Eglise et sur les hommes qui, depuis, furent appelés à y jouer des rôles bien différens.

« Un jour, disoit-il, M. de Jarente d'Orgeval, évêque d'Orléans, vint faire visite à son séminaire; chose rare de la part du prélat, jeune, brillant, aimant le monde et le luxe, et fort avancé dans les idées dominantes de ce temps-là. C'étoit l'heure de la récréation. Les séminaristes furent encore, cette fois, plus frappés de la recherche avec laquelle leur évêque étoit habillé. On étoit en hiver; mais les fourrures et le riche manchon ne paroissoient point avoir été mis uniquement pour se préserver contre les atteintes du froid. Vraiment, dans ce costume et ce port, M. de Jarente avoit une élégance de grand seigneur. Nous cherchions l'évêque, et nous le rencontrâmes dans celui que M. de Jarente accompagnoit, et auquel il faisoit les honneurs de son séminaire. Ce prélat avoit une figure à la fois grave et prévenante. Il étoit en soutane noire, sans insigne aucun; il parloit à nos maîtres avec affection et affabilité; il nous parut un saint et digne personnage. En effet, c'étoit Mgr d'Aviau, qui arrivoit de Poitiers, et venoit d'être nommé archevêque de Vienne. Il y fut la gloire de l'Eglise, comme depuis à Bordeaux, et l'on sait comment finit l'épiscopat de M. de Jarente à Orléans. »

Pendant que M. Picot habitoit Orléans, il goûta une grande joie. M. Guérard n'avoit point perdu de vue son projet de prêcher la foi chez les infidèles, et devenu prêtre il se rendit au séminaire des Missions-Etrangères. Les larmes et les besoins d'une mère le forcèrent de suspendre pour quelque temps l'exécution de ses desseins : mais il s'arracha enfin à une famille si chère, et, après être entré au séminaire, il partit de Paris, au mois de mars 1790, avec quelques autres missionnaires. M. Picot le vit à son passage à Orléans, où il logea au séminaire, et le pieux lévite reçut les adieux d'un apôtre. M. Guérard mourut en 1823, évêque de Castorie et coadjuteur du vicaire aposto-lique du Tong-King. Il ne faut pas s'étonner que le disciple d'un tel maître ait été enflammé lui-même d'un zèle si ardent pour la propagation de la foi.

M. Picot termina avant l'âge de vingt ans tout son cours théologique sous des professeurs distingués, M. Labrunie, M. Fournier, depuis évêque de Montpellier, et M. Cartal, mort au séminaire de Saint-Sulpice en 1840, avec qui il conserva toujours une grande liaison.

Trop jeune pour entrer dans les ordres, il fut placé, en qualité de professeur, au petit séminaire diocésain de Meung-sur-Loire. Il y connut M. Desjardins, qui y étoit prêtre et professeur, et qu'il retrouva plus tard à Paris. Il y eut pour directeur M. l'abbé Landais, dont la mémoire lui fut constamment chère et présente, car le nom de ce digne ecclésiastique figure sur une liste de messes que M. Picot faisoit acquitter annuellement pour le repos de l'ame des parens et des amis qu'il avoit perdus.

Bientôt les temps devinrent difficiles sous un évêque tel que M. de Jarente d'Orgeval. Les anciens maîtres du jeune lévite, qui jouissoient de toute son affection et de toute sa confiance, quittèrent la direction du grand séminaire d'Orléans. A Meung-sur-Loire, où le serment fut demandé aux chefs du petit séminaire, M. Landais le refusa, et M. Picot suivit ce noble exemple. Il déposa l'habit ecclésiastique, puis retourna à Neuville. Ses principes étoient ceux de tous les siens.

A quelque distance de Neuville se trouvoit le château de Montigny, qui appartenoit au comte de

Rochechouart, et où le père de M. Picot se rendoit souvent. Dans une de ses visites (on étoit alors en 1793), il y rencontra un nouvel hôte du comte de Rochechouart ; et tous deux se sentirent attirés l'un vers l'autre par la gravité calme de leurs manières, qui contrastoit avec la légèreté que tant d'autres avoient conservée à cette triste époque. Après le dîner, ils se rapprochèrent, et lièrent, en se promenant dans le parc, un entretien pendant lequel le maître du château les rejoignit.

M. Picot possédoit trop la confiance du comte de Rochechouart pour que l'abbé Edgeworth hésitât à lui apprendre qu'il étoit en présence du confesseur de Louis XVI, qui se déroboit sous un nom d'emprunt et sous un extérieur laïque aux recherches des persécuteurs. Heureux de connoître le prêtre vénérable qui venoit de montrer à l'auguste victime le chemin du ciel, M. Picot ne put s'empêcher d'exprimer le regret que le reste de sa famille ne partageât point ce bonheur. Bientôt, il demanda et obtint pour celui de ses fils qui se destinoit à l'état ecclésiastique la faveur d'être présenté à l'abbé Edgeworth. Dans une longue conversation que le jeune Picot eut avec le confesseur de Louis XVI, ce dernier lui parla beaucoup du roi et de madame Elisabeth, infortunée et angélique princesse, dont l'abbé Edgeworth louoit la capacité extraordinaire, et qui avoit, disoit-il, une *tête mathématicienne*. Cette expression se grava dans l'esprit de son interlocuteur.

M. Picot a fait allusion, dans ses écrits (1), à l'entrevue que nous venons de raconter.

*Le vénérable confesseur, dit-il, habita quelque temps le château de Montigny, près Neuville, dans l'Orléanais. Il y étoit connu sous le nom d'Essex, et passoit pour un Anglais qui avoit eu quelque raison de quitter Paris au moment de la déclaration de guerre. Il y resta plusieurs mois. C'est là que j'eus l'honneur de voir cet homme intéressant. Il étoit impossible, en l'abordant, de n'être pas frappé de sa belle physionomie. Une taille haute, une figure noble, des yeux pleins d'expression, un mélange de gravité et de douceur, je ne sais quelle teinte de tristesse répandue dans son air, contribua à faire impression sur moi. J'étois jeune, et j'avois ambitionné l'honneur d'une conférence, ne fût-elle que de quelques instans, avec cet illustre consolateur d'un roi malheureux. Il m'accorda cette faveur, sur la demande d'un père respectable, à qui il avoit fait part de son secret, et qui étoit digne de cette confiance par sa sensibilité, la fermeté de son caractère, et son attachement à la cause de ses rois. Il eut la bonté de me raconter quelques particularités d'une si tragique histoire, et me permit même quelques questions. Des larmes rouloient dans ses yeux, et quelque chose de céleste dans ses regards rappeloit les mots prophétiques qu'il adressa à un roi prêt à périr. Cet entretien sera toujours présent à ma pensée. Je n'avois abordé cet homme de Dieu qu'avec une respectueuse admiration ; je le quittai plein d'un religieux attendrissement. »

Ailleurs (1), M. Picot, parlant du crime du 21 janvier, dit encore :

« Nous étions alors dans ces temps d'angoisses et de terreur, où toutes les vertus étoient comprimées, où la pitié même n'osoit faire entendre sa voix. Nous nous contentions de pleurer dans le secret de notre retraite les horribles infortunes de ces victimes royales. Frappé du coup dont gémissoient toutes les ames honnêtes et sensibles, j'avois cher-

(1) *Ami de la Religion*, t. 4, p. 100.

(1) *Ami de la Religion*, t. 1er, p. 114.

ché à rendre les sentimens de douleur et d'indignation que faisoit éprouver la catastrophe terrible dont nous venions d'ê- tre témoins. J'avois tracé dans le silence ces vers que je n'avois confiés qu'à une famille religieuse et loyale :

Français, il n'est donc plus ce prince magnanime,
De sinistres complots déplorable victime.
Ah ! jour triste et sanglant, dans vos murs, sous vos yeux,
Il s'est exécuté ce forfait odieux.
Je crois entendre encor rouler le char rapide ;
Je distingue les cris d'une escorte homicide ;
De l'airain frémissant j'entends le son fatal,
Du crime consommé déplorable signal. . . . .
Qu'avoit-il fait pourtant, nation inhumaine,
Que t'avoit fait Louis pour mériter ta haine ?
Oseriez-vous, ingrats, accuser votre roi?
Dans vos murs désolés a-t-il semé l'effroi ?
Ses mains dans votre sang se sont-elles baignées?
Courba-t-il sous le joug vos têtes indignées,
Et, fondant sur vos maux sa cruelle splendeur,
A-t-il des conquérans recherché la grandeur?
Hélas ! ce n'est pas lui dont la main sanguinaire,
Etendant sur la France un sceptre funéraire,
La couvrit de prisons, la souilla d'échafauds,
Et sur nous à la fois déchaîna vingt fléaux.
Sa main ne traça pas ces arrêts homicides,
Qui, livrant l'innocent à des bourreaux avides,
Sous la hache cruelle immoloient sans pitié
La vertu, les talens, l'amour et l'amitié.
Il règneroit encor, si, de sang moins avare,
Il eût voulu sévir contre un parti barbare.
Mais il chérissoit trop de perfides sujets ;
Sa bonté l'emporta sur ses vrais intérêts.
Magnanime Louis, du séjour où Dieu même
Sans doute a ceint ton front d'un plus beau diadème,
Vois la tristesse amère et le deuil général
Dont ta mort à l'Europe a donné le signal.
Vois tes Français surtout, ceux qui toujours fidèles,
Détestant des tyrans les maximes cruelles,
N'ont point brûlé d'encens devant les dieux du jour,
Vois-les par leur douleur attester leur amour.
Que de larmes au loin ta mort a fait répandre !
Non, jamais le trépas du père le plus tendre
A des enfans bien nés n'arracha tant de pleurs.
Console-toi, Louis, il est encor des cœurs
Pleins d'amour pour leurs rois, et d'horreur pour le crime ;
Et, si de tes vertus l'assemblage sublime,
Si ta bonté constante et ton cœur généreux
Pouvoient, dans ce séjour où tu règnes heureux,
Te permettre un instant des désirs de vengeance,
Tu jouirois des maux qui pèsent sur la France. . . . .
Mais qu'ose supposer ma douleur indiscrète ?
Ah ! prince généreux, ta bonté le rejète.
Loin d'appeler sur nous des malheurs mérités,
Tes regards bienfaisans veillent sur nos cités,
Et, prêtant aux Français un appui salutaire,
Quand tu n'es plus leur roi, tu te montres leur père,

Si nous avons transcrit cette pièce touchante, c'est qu'en révélant tout ce qu'il y avoit de nobles sentimens dans l'ame de M. Picot, elle donne d'ailleurs une idée de son talent poétique. Il l'appliquoit souvent à des sujets religieux, et la traduction en vers de l'hymne qui se chante aux premières vêpres de la Toussaint (1) étoit un des morceaux qu'il croyoit avoir le mieux rendus.

Fixée dans une petite ville et signalée par ses vertus, la famille de M. Picot ne pouvoit être à l'abri des persécutions. Son digne chef, alors procureur-syndic, ayant facilité le départ d'un royaliste dont il craignoit que la liberté ne fût compromise, on le décréta d'arrestation. Un gendarme, qui avoit obtenu qu'une des filles de M. Picot tînt son enfant sur les fonts de baptême, avertit par reconnoissance sa famille du coup qui la menaçoit. Le départ du notaire fut aussitôt résolu, et le jeune Picot l'accompagna jusqu'à la ville prochaine, d'où il comptoit revenir après avoir vu son père en sûreté. Mais, sur ces entrefaites, on apprit à Neuville qu'un mandat d'arrêt étoit également décerné contre lui, parce que, compris dans la première réquisition (2), il ne s'étoit pas présenté. On se hâta d'envoyer deux de ses frères, plus jeunes que lui, à la recherche des fugitifs. Ils se rendirent à Chilleurs, et frappèrent la nuit à la porte de l'auberge où ceux qu'ils cherchoient devoient séjourner. Mais

l'aubergiste, à l'aspect de voyageurs si légers de bagage, avoit deviné leur secret. Incapable de trahir ses hôtes, il répondit négativement aux questions des deux jeunes gens, qui poursuivirent alors leur course jusqu'à Pithiviers. Ils y attendirent leur père et leur frère, qu'ils virent en effet arriver le lendemain matin, et recommandèrent au dernier de ne point retourner sur ses pas, comme il en avoit eu d'abord le projet. Ainsi, au lieu de revenir à Neuville, le jeune Picot accompagna son père à Paris, où tous deux, quoique sans passeports, arrivèrent après mille dangers et mille fatigues, et où ils trouvèrent une sûre hospitalité rue du Mail, hôtel des Indes. « Je ne vous demande pas votre secret, leur dit un jour la maîtresse de l'hôtel ; mais on doit aujourd'hui visiter ma maison : suivez-moi, et je vous rendrai la liberté après la visite. » En effet, ils furent soustraits par ses soins aux conséquences de cette recherche, qui se renouvela trois fois dans le même mois. Ces deux traits de probité et de fidélité au malheur contrastent d'une manière trop consolante avec les excès de l'époque, pour ne pas être rappelés.

Cependant, on conseilla au jeune Picot de subir les exigences de la réquisition. En se présentant volontairement, il avoit la faculté de choisir un corps. Il préféra la marine au service de terre, sans savoir pourquoi, disoit-il, et demanda une feuille de route pour Brest. Il s'y rendit à pied par un temps affreux, passa par Nantes, et fut témoin des ravages que les républicains avoient déjà faits dans les campagnes qui entourent cette ville. Il ne voyageoit

---

(1) *Cœlo quos eadem gloria consecrat*, etc.

(2) La loi du 2 août 1793 ayant appelé au service militaire tous les jeunes gens de 18 à 25 ans, M. Picot, alors âgé de 23 ans, se trouva atteint par cette loi.

pas sans danger : on le prenoit pour un prêtre dans les hôtelleries, et les gendarmes examinoient minutieusement ses papiers.

Un soir, sur cette route de Brest, et vers la fin de novembre 1793, le jeune et timide réquisitionnaire arriva tout mouillé et couvert de boue dans une pauvre auberge. L'hôtesse, qui le vit accablé de fatigue et qui croyoit deviner en lui un tout autre homme qu'un soldat, s'occupa de lui faire du feu, et l'engageoit à s'asseoir. Mais aussitôt survint un patriote, qui se mit à jurer et à dire dans son ignoble langage : « Eh bien ! *on vous les chauffera, ces calotins !* Nous venons de livrer aux gendarmes celui que vous aviez là, à la place de ce jeune arrivant. »

« Je ne demandai pas mon compte, ajoutoit M. Picot, en racontant cet incident de son voyage. J'entendis venir une espèce de diligence ; j'eus le bonheur d'y trouver place, et, après mes remercîment et récompense à la maîtresse de l'auberge, je m'installai dans la voiture. Nous y étions six. J'entendis, toute la nuit, le bruit que mes compagnons faisoient en dormant. Pour me rassurer davantage contre le danger auquel je venois d'échapper, au matin j'achevois ma prière, quand mon vis-à-vis, homme gros et replet, de figure fort peu diplomate, me dit un bonjour avenant et presque familier. Puis, la conversation s'engagea. Je sus en quelques instans qu'il étoit prêtre du diocèse d'Orléans, et que, comme moi, il alloit servir en qualité de marin. Mais ils seront bien habiles, disoit-il, si jamais ils soupçonnent mon premier et véritable état. Je crus, malgré ma jeunesse, devoir lui recommander de la prudence pour deux, content d'ailleurs d'avoir rencontré ce compagnon de voyage, j'allois dire l'infortune. Mais ce brave homme étoit jovial et plus que causeur. »

On verra plus loin que le voyage finit plus mal pour ce bon prêtre que pour M. Picot, qui venoit d'être providentiellement soustrait, par l'arrivée de la diligence, à un si grand péril.

Il n'y avoit qu'un petit nombre de réquisitionnaires à Brest. En attendant leur embarquement, ils se réunissoient sur le Champ de bataille. Le jeune Picot, pensif et parlant peu, se distinguoit par sa réserve dans ces réunions. Il fixa ainsi l'attention de M. Devillers, qui, naguère employé dans les bureaux du ministère de la marine, s'étoit décidé à s'embarquer. De la conformité de leurs sentimens naquit une douce intimité, qu'ils cimentèrent par une vie commune. Tous deux se déroboient avec un égal empressement au contact des soldats de l'armée révolutionnaire, qui ne parloient alors que de couper la tête aux aristocrates et aux prêtres.

Enfin, M. Picot reçut son ordre d'embarquement. Deux vaisseaux rasés et quelques légers bâtimens étoient destinés à se rendre à Cancale, sous le commandement de M. Thévenard, fils de l'amiral qui avoit été ministre de la marine sous Louis XVI. M. Devillers accompagna son ami jusqu'au port où l'attendoit le canot qui alloit le transporter à bord d'un des vaisseaux rasés.

A Brest, M. Picot n'avoit quitté que fort peu de temps le prêtre avec lequel il avoit fait route, et ils étoient inscrits pour s'embarquer sur le même vaisseau.

« L'heure vint, disoit-il ; mon compagnon et moi portions notre petit bagage, nous félicitant de nous retrouver ainsi réunis avec même destination. Plus empressé que moi, le prêtre passa le premier.

I

Je le suivois. Il mettoit le pied sur le vaisseau, quand un jeune mousse de douze à treize ans, du milieu de tout l'équipage se mit à dire très-haut à l'un de ses camarades : « Tiens, regarde donc » ce gros monsieur ! c'est l'abbé Turpin, » le curé de mon village, et qui m'a fait » faire ma première communion. » Je vous laisse à penser, ajoutoit M. Picot, ce qui se passa dans mon esprit. On s'empara du pauvre curé, on le mit en prison, et il y resta trois ans. Mais, fiez-vous donc aux déguisemens... »

Ce qui donnoit un véritable, quoique triste à-propos à cette anecdote, c'est qu'elle étoit racontée chez Mgr de Quelen, à l'époque où l'émeute menaçoit les églises, et en présence de plusieurs ecclésiastiques que la prudence avoit forcés d'échanger l'habit clérical contre un autre vêtement.

Le capitaine, qui accueillit le novice timonnier, étoit bon et humain. Cet officier lui demanda si c'étoit par suite de la révolution qu'il se trouvoit au service ; et, ayant su qu'en effet M. Picot n'avoit pas d'autre motif, il le recommanda au maître timonnier et eut pour lui beaucoup d'égards. Comme il ne possédoit pas une grande instruction, toutes les fois qu'il se voyoit forcé d'écrire un ordre du jour ou un rapport, il prioit son protégé de corriger les fautes de langage et d'orthographe qu'il avoit faites, et il transcrivoit ensuite lui-même les pièces rectifiées. En échange de ces services, il donnoit sa table à M. Picot, qu'il avoit présenté à l'état-major comme le fils d'un de ses amis, et dont la position, distincte de celle des autres matelots, devint ainsi très-tolérable.

Un mois après que M. Devillers eut quitté M. Picot, la Providence permit qu'il se trouvât lui-même, en qualité de secrétaire du contre-amiral Cornic, à Saint-Malo, à une lieue de Cancale, où il put revoir son ami. Bientôt il se déclara, parmi les équipages qui composoient la division de M. Thévenard, une maladie contagieuse à laquelle succombèrent beaucoup de marins. On établit à Cancale les hôpitaux ambulans formés avec des tentes ; on en établit un particulier dans une maison située à une demi-lieue de Saint-Malo, et M. Picot y gîsoit couché sur des matelas posés à terre dans une pièce du rez-de-chaussée, lorsque l'amitié ramena M. Devillers auprès de lui. Cette contagion, mortelle pour tant d'autres, épargna heureusement le malade.

M. Picot habita Saint-Malo avec M. Devillers, alors attaché au secrétariat de l'agent maritime. Cette ville renfermoit de nombreux terroristes. Les deux amis se promenoient un soir, avec un tiers, en face du comité révolutionnaire, lorsqu'il échappa à M. Devillers de dire que le gouvernement devoit avoir beaucoup d'ennemis, n'en eût-il que dix à raison de chaque tête qu'il faisoit rouler sur l'échafaud. L'interlocuteur, mêlé à la conversation, prit au contraire le parti de ce gouvernement affreux. M. Picot s'inquiéta pour son ami d'une franchise qui pouvoit lui coûter cher : mais, le lendemain, l'agent maritime, après une conférence avec Lecarpentier, représentant du peuple, réunit ses employés dans le bureau des classes, et là, du haut d'une chaise où il étoit monté afin de mieux se faire entendre, il annonça la chute et la mort de Robespierre, exécuté le 28 juillet 1794. M. Picot aperçut dans un groupe de capitaines et de matelots l'interlocuteur de la veille : il y tenoit un tout autre langage.

Cependant, la division composée des deux vaisseaux rasés et de divers bâtimens fut rappelée de Cancale à Brest.

M. Picot, parfaitement rétabli, préoccupoit son ami, qui lui désiroit une place quelconque, pourvu qu'elle lui donnât le droit d'être admis à la table de l'état-major. M. Devillers se trouva à même de procurer son embarquement en qualité d'agent comptable sur une frégate : mais M. Picot déclina l'offre, moins parce que cette place, engageant sa responsabilité, l'eût retenu à bord en cas de licenciement des réquisitionnaires, que dans la crainte d'être astreint à prêter un serment.

Il y avoit encore à Saint-Malo une corvette qui, à raison du nombre de ses marins, pouvoit être pourvue d'un instituteur, place créée par les représentans du peuple que la Convention envoyoit dans les ports. Les pauvres réquisitionnaires ont su profiter d'une occasion si belle pour adoucir les rigueurs de leur position. M. Devillers proposa à son ami de s'embarquer à ce titre : M. Picot y consentit, mais toujours à condition qu'il n'auroit pas de serment à prêter. Du reste, l'école pour les mousses ne l'occupa pas beaucoup : comme on ne fournit ni livres, ni papiers, ni plumes, il donna peu ou même ne donna point de leçons.

Dans le cours de sa carrière maritime, M. Picot fut dirigé sur les côtes d'Irlande que son vaisseau avoit mission d'observer : il tint long-temps la mer, mais sans jamais aborder. Il contracta alors le scorbut.

Il étoit signalé par ses chefs comme un jeune homme rangé et digne de confiance : ce témoignage lui est rendu dans une pièce, en date du 12 floréal an IV (1er mai 1796). Elle nous apprend, d'ailleurs, qu'il remplissoit depuis un an, à cette époque, les fonctions d'employé extraordinaire au bureau des armemens à Brest, et qu'il songeoit à s'embarquer encore. Son séjour dans les bureaux fut utilisé sous le rapport littéraire; car il fit des recherches sur la guerre maritime de 1777 à 1783, et plus tard il continua de préparer les matériaux d'une Histoire de cette guerre : travail inachevé qui est resté manuscrit.

Les devoirs de sa position nouvelle et le contact des autres marins à une époque si difficile ne l'éloignoient ni des pensées, ni de la pratique de la religion. A Brest, il logeoit dans la maison d'une famille pieuse où des prêtres venoient dire la messe; et M. Picot la servoit.

Il occupoit toujours l'emploi de commis extraordinaire des bureaux de la marine, lorsque, sur les réclamations de son père, il fut rendu par M. Truguet, alors ministre, à une vie plus conforme à ses goûts. La lettre du ministre de la marine et des colonies, qui autorisa l'ordonnateur de Brest à licencier M. Picot, porte la date du 6 ventôse an V (24 février 1797).

Libre du service, M. Picot revint dans sa famille.

Le sanctuaire, dans ces tristes conjonctures, ne pouvoit s'ouvrir devant lui : mais ses pensées comme ses sentimens étoient pour l'Église, dont il se plaisoit à étudier l'histoire. Il étudioit surtout l'histoire ecclésiastique du xviiie siècle, pendant lequel s'étoient développées les causes de cette révolution dont il avoit été le témoin, et qui, sous ses yeux, avoit successivement dispersé les pieux maîtres de son enfance et abattu les autels auxquels il devoit se consacrer. Bien jeune encore, il avoit acheté à Orléans le recueil des *Nouvelles ecclésiastiques*, feuille hebdomadaire destinée à la défense du jansénisme, et qui a paru sans interruption depuis 1728 jusqu'en 1793. La lecture de ce livre piqua sa curiosité ; il en fit des extraits, et, le venin amenant l'antidote, il conçut à la fin la pensée du travail qu'il exécuta depuis. Ses premières recherches datoient de 1791 : il les reprit et les continua, au milieu des travaux variés qui partagèrent sa vie.

Les facilités que le séjour d'une grande ville lui offroit pour ces travaux, le désir de se rapprocher des amis de sa jeunesse, qui, à mesure que les temps deviendroient plus calmes, reprendroient leur rang dans le clergé, les secrets mouvemens qui le reportoient vers un état auquel ses vertus l'attiroient encore plus que ses études, tout l'engageoit à se fixer à Orléans. Il donna ces raisons à tous les siens, en se chargeant, au mois de juin 1797, de l'éducation du fils unique de M. de Champvallins, dont la famille, par ses mœurs antiques et patriarcales, par sa piété et son union touchante, répondoit si bien à ses inclinations, en même temps qu'elle présentoit des ressources à son esprit ; car elle possédoit une

bibliothèque choisie, et, chez plusieurs de ses membres, l'érudition s'allioit à la plus affectueuse bienveillance.

M. Picot ne pouvoit passer, dans un plus doux asile, le temps d'éprouver sa vocation, sur laquelle il consulta beaucoup M. l'abbé Blin, mort à Orléans en odeur de sainteté. Mais une maladie, toujours grave lorsqu'on est sorti de l'enfance, la rougeole, qu'il eut en 1800, vint altérer, pendant long-temps, sa santé, et fut pour lui un motif de renoncer à l'état ecclésiastique.

Il s'occupa, pendant neuf années, à préparer, dans la personne de son élève, un homme qui devoit être un jour précieux à la société et à la religion par ses lumières et par ses exemples. Les loisirs que lui laissoient les soins qu'il prodiguoit avec tant de zèle au jeune de Champvallins, étoient absorbés par l'étude. Il cultivoit la poésie, traduisant en vers français tantôt les hymnes de l'office divin, tantôt quelques morceaux choisis des poètes anciens : il a laissé, entre autres manuscrits, une traduction en vers des *Bucoliques* de Virgile. En même temps, il continuoit de recueillir des notes sur les affaires ecclésiastiques : elles se multiplièrent surtout entre ses mains, à dater de l'époque du Concordat.

M. Picot alla, au mois de novembre 1804, s'établir à Paris, afin d'y faire suivre à son élève des cours spéciaux ; ils y restèrent jusqu'au mois de septembre 1805, et, dans cet intervalle, M. Picot profita des ressources que lui offroit la capitale pour mettre la dernière main à son travail. Il hésitoit à le faire imprimer, et vouloit avoir des conseils, mais le cercle des personnes qu'il connoissoit alors étoit fort restreint. Son manuscrit lui servit d'introducteur auprès des membres les plus distingués du clergé de Paris. Il se rapprocha surtout de la congrégation de Saint-Sulpice, à laquelle il étoit si attaché, et vit fréquemment M. Emery. Ce vénérable supérieur, aussi habile que versé dans les sciences ecclésiastiques, et même dans la littérature, reconnut bientôt en lui une véritable vocation pour les recherches historiques et pour la polémique religieuse. Il l'encouragea à publier le résultat de ses laborieuses investigations, et le mit d'ailleurs en relation avec M. l'abbé de Boulogne, qui fut du même avis.

Au mois de septembre 1805, M. Picot quitta momentanément la capitale pour retourner à Orléans. Il resta avec le jeune de Champvallins jusqu'au mois d'avril suivant, où ils se séparèrent. L'éducation étoit finie : le maître disparut, mais l'ami demeura.

M. Picot s'étoit même tellement identifié avec l'excellente famille dans laquelle il avoit passé neuf années, que celle qui s'honore de lui appartenir se plaignoit souvent en riant de n'occuper que le second rang dans son cœur. Cependant, quel souvenir ne conserve-t-elle pas de la profonde sensibilité de cet homme de bien, chez qui tous les sentimens tenoient le rang qu'ils devoient tenir, sans se nuire entre eux !

Lorsque M. Picot revint à Paris en 1806, il entra chez le prince de Beauveau, en qualité de précepteur de ses enfans. Comme il lui étoit impossible de concilier les soins d'une éducation particulière avec les travaux littéraires auxquels il vouloit se livrer, et qu'il avoit trop de conscience pour ne remplir qu'à moitié des obligations une fois contractées, il se dégagea au bout de quelques mois des liens qu'il s'étoit imposés.

Ce fut au commencement de 1806, que parut, en 2 vol. in-8°, chez Adrien Le Clere, la première édition des *Mémoires pour servir à l'histoire ecclésiastique du XVIIIe siècle*. M. Picot n'y mit pas son nom. L'auteur s'exprimoit avec une rare modestie dans sa préface :

« Ce n'est point une Histoire ecclésiastique que nous offrons ici au public : ce ne sont que des Mémoires pour servir à l'histoire ecclésiastique ; ce n'est en quelque sorte qu'un canevas que nous présentons à remplir par des mains plus habiles. Nous n'avons point prétendu offrir un tableau parfaitement complet de l'histoire de l'Eglise pendant le xviiie siècle : c'eût été là un monument, dont la construction étoit trop au-dessus de nos forces... Nous ne donnons même pas ces Mémoires comme renfermant tous les faits qui peuvent intéresser l'Eglise dans le siècle que nous allons parcourir... Il est, dans l'histoire des Eglises étrangères, des faits dont on n'a pu être instruit... Ces Mémoires traitent donc plus de l'histoire de l'Eglise gallicane que de celle des autres Eglises de la catholicité... On souhaite que la forme adoptée... soit goûtée des lecteurs. On a pris simplement la division par année, et on a placé chaque événement sous une date principale, sous laquelle se trouve rapporté tout ce qui peut servir à faire bien connoître le fait dont il est question. C'est la méthode qu'a suivie d'Avrigny dans ses *Mémoires chronologiques et dogmatiques* depuis 1601 jusqu'en 1716, dont ceux que nous donnons aujourd'hui peuvent être considérés comme la suite, quoiqu'ils ne soient pas

composés tout-à-fait dans le même esprit... Quant au ton de cet ouvrage,
nous espérons qu'on y trouvera toute la
modération désirable. »

M. Picot présente d'abord, dans
l'Introduction, une esquisse courte
et rapide de l'état de la religion et
de l'Eglise à la fin du xviie siècle;
puis il entame, dans le corps des
Mémoires, ce qui concerne le siècle
suivant, et retrace les combats que
l'Eglise, et surtout l'Eglise de
France, eurent à soutenir pendant
cette mémorable époque ; enfin il
présente, par forme de supplément,
les principaux faits des cinq premières années du xixe siècle.

L'état de gêne où l'on se trouvoit
alors ne lui permit pas de tout dire
dans cet appendice. Il fut forcé,
comme il nous l'apprend (1), de
supprimer des particularités importantes ou des développemens curieux, et ne put soulever qu'une
très-petite partie du voile qui cou-
vroit les maux de l'Eglise.

L'ouvrage eut un succès aussi rapide que mérité.

Les circonstances étoient favorables. Il s'opéroit une vive réaction
contre cette vaine et mensongère
philosophie, qui venoit d'attirer
tant de malheurs sur la France. Un
grand nombre d'hommes de bien et
d'esprits élevés, s'étoient associés
pour faire justice, principalement
au moyen des journaux, de tant
d'erreurs, de sophismes et d'impu-
dences, et pour rétablir la vérité
dans la morale, dans l'éducation,
dans l'histoire, dans la littérature,
partout enfin ; car la fausse philosophie du dernier siècle avoit tout
souillé, et jamais plus belle et plus

vaste tâche n'avoit été préparée à la
critique.

Les journaux du temps rendirent
un compte favorable des *Mémoires*.
Le *Mercure de France* leur consacra
un article dans son numéro du 24
mai 1806 : il loua les recherches, le
style et les connoissances de l'historien. Le *Journal de l'Empire* en fit l'é-
loge dans sa feuille du 1er novembre.
La *Gazette de France* n'en parla pas
moins avantageusement, et il n'y
eut pas jusqu'au *Courrier des Spec-
tacles* qui loua l'esprit et les principes d'une production si grave (1).

Il sembloit qu'un tel ouvrage ne
pût sortir que de la plume d'un ecclésiastique. Le cardinal Caprara,
sous les yeux duquel il avoit été
placé, invita l'auteur à sa table, et
la suscription du billet d'invitation
portoit : *A M. l'abbé Picot*. En ce
moment, l'ancien chanoine de la
collégiale de Caen, depuis chanoine
de la métropole de Rouen, et long-
temps émigré à Jersey, habitoit Paris, où son neveu recueilloit de sa
bouche beaucoup d'anecdotes sur
les matières ecclésiatiques, ainsi
que les anciennes traditions du
clergé, et particulièrement de l'O-
ratoire. A la réception du billet du
cardinal-légat, M. Picot douta si
l'invitation ne s'adressoit point à
son oncle : mais M. l'abbé Barruel,
avec lequel il étoit très-lié, éclaircit
le doute auprès du cardinal, qui rit
beaucoup d'une méprise, du reste
fort excusable, dit-il. M. Picot, en
nous rappelant cette circonstance
peu de jours avant sa mort, ajoutoit
qu'il s'étoit placé chez le légat, à
côté de M. l'abbé Frayssinous, dont
il aimoit à faire dater de très-haut
l'amitié.

____

(1) *Ami de la Religion*, t. ii, p. 558.

(1) *Ami de la Religion*, t. ii, p. 558.

Dès lors, M. Picot se trouva classé parmi les écrivains ecclésiastiques. Il venoit de composer un excellent ouvrage. On va le voir rédiger un journal, et devenir ainsi le centre d'importantes relations.

Au premier rang des défenseurs de la religion, brilloit l'abbé de Boulogne, qui concourut d'une manière éclatante au triomphe des saines idées, par des publications périodiques, dont M. Le Clere père avoit pris l'initiative. La police ombrageuse supprima plusieurs fois le recueil rédigé sous des titres divers, depuis 1795 jusqu'au commencement de 1806. Il y eut alors une nouvelle défense de le continuer ; mais, au mois de juillet suivant, M. de Boulogne essaya de reprendre cette publication sous le titre de *Mélanges de philosophie, d'histoire, de morale et de littérature* (1). Il s'adjoignit M. Picot, dont il avoit su apprécier les vastes connoissances, et qui fut

(1) C'est M. Le Clere père qui, le premier, eut l'idée de publier après la terreur un journal pour défendre la religion. Au mois de septembre 1795, il émit le prospectus du *Journal de la Religion et du culte catholique*, et pria M. Ricard, traducteur de Plutarque, de se charger momentanément de la rédaction : douze numéros de 16 pages in-8° parurent jusqu'au mois de janvier 1796. Alors M. Jauffret, depuis évêque de Metz, de retour à Paris, dont il s'étoit éloigné pendant les jours mauvais, se chargea de la rédaction, et s'adjoignit l'abbé Sicard, instituteur des Sourds-Muets, qui, par sa philantropie et ses liaisons, pouvoit protéger l'entreprise : ils rédigèrent ensemble dix-huit numéros, sous le titre d'*Annales religieuses, politiques et littéraires*. On n'en donnoit qu'un par quinzaine. M. de Boulogne fut chargé de l'œuvre depuis le numéro 19, et continua la rédaction, sous le titre d'*Annales catholiques*, jusqu'au 19 fructidor (5 septembre 1797), époque à laquelle il fut condamné à la déportation avec l'abbé

l'auteur du plus grand nombre des articles que contiennent les quatre premiers volumes (1).

Sicard, qui signoit toujours les *Annales* ; et l'imprimeur fut aussi poursuivi.

Quand Buonaparte fut au pouvoir, M. de Boulogne reprit son travail, sous le titre d'*Annales philosophiques, morales et littéraires* : il en parut quarante-et-un cahiers en 1800 et 1801 ; les cinq derniers sous le titre de *Fragmens de littérature et de morale*.

M. de Boulogne avoit eu jusque-là pour collaborateur l'abbé J. Guillon, son compatriote, bon théologien, qui, en 1802, s'étant attaché au nouvel évêque d'Agen, fut fait chanoine et secrétaire de l'évêché : mais il mourut peu d'années après.

Ayant obtenu, par l'entremise de M. Mathivon, mort chanoine de Paris en 1839, une permission de la police, M. de Boulogne continua l'œuvre sous le titre d'*Annales littéraires et morales*, puis d'*Annales critiques de littérature et de morale*. Quarante-huit cahiers furent publiés de 1803 à 1806, et forment quatre volumes.

Après une nouvelle interruption, au mois de juillet 1806, la publication fut reprise sous le titre de *Mélanges de philosophie*, etc. Cette dernière série se compose de neuf volumes.

La collection, formant dix-neuf volumes, est très-rare aujourd'hui.

Tous les articles de M. de Boulogne ont été recueillis par M. Picot, en trois vol. in-8°, sous le titre de *Mélanges* ; et certainement ce n'est pas la partie la moins intéressante des œuvres de l'évêque de Troyes. Tous les travers et crimes de l'époque y sont démasqués, et flétris avec une logique vigoureuse et une ironie pleine de sel.

Ce fut encore M. Le Clere père qui, en 1814, conçut la pensée de l'*Ami de la Religion*, choisit le titre, et engagea M. Picot à se charger de la rédaction.

Cette note étoit nécessaire pour conserver la mémoire de ceux qui ont coopéré à défendre la religion à la fin du dernier siècle et au commencement de celui-ci.

(1) Il n'y a que cinq articles de M. de Boulogne dans le premier volume des *Mélanges* ; il y en a six dans le second ;

L'illustre écrivain s'étonnoit surtout de l'exactitude de son collaborateur; et, jusque dans les saillies d'une familiarité intime , il rendoit hommage à cette précision scrupuleuse qui fixoit les dates sans croire jamais descendre à un détail inutile. M. Picot lui-même s'honoroit d'être *datier*, comme il disoit en riant; et ce mot n'est pas le moindre indice de son rare bon sens et de la portée vraiment pratique de son esprit.

Dès 1807, M. de Boulogne abandonna entièrement la rédaction , et cessa même de diriger le journal : une autre carrière s'ouvroit devant lui. A partir du tome v^e et à dater du 1er mars 1808, M. Picot devint le seul rédacteur. Pendant plus de trois ans, il consacra tout son temps aux *Mélanges*, que le sel, autant que l'exactitude de sa critique, rendoit singulièrement intéressans. Ses articles firent souvent sensation , et quelques-uns ont été reproduits dans le *Spectateur Français*.

Il lui arriva d'en consacrer un à la nouvelle édition de l'*Essai sur l'éloquence de la chaire* que le cardinal Maury venoit de publier, en 1810, avec de nombreuses augmentations. Ce prélat fut nommé quelque temps après archevêque de Paris par Napoléon, et eut le tort de prendre l'administration du diocèse que le chapitre lui déféroit. Frappé du mérite de ce compte-rendu, quoiqu'il ne lui fût pas favorable , le cardinal dit qu'il en nommeroit l'auteur chanoine de Notre-Dame. «Il n'y a qu'un inconvénient, lui répondit-on : l'auteur n'est pas prêtre. »

quatre dans le troisième, et deux dans le quatrième. Tout le reste est de M. Picot, (*Notice historique sur M. de Boulogne ,* p. xxxiv.)

Le cardinal voulut connoître M. Picot. Un jour il le fit venir, et lui manifesta l'intention de publier une édition des œuvres de Bossuet, qu'il vouloit répandre à cinquante mille exemplaires, parce que , disoit-il , tous les maréchaux, généraux, barons et dignitaires de l'empire se feroient gloire d'y souscrire. Il proposa à M. Picot de la préparer : mais le sage écrivain, après avoir consulté M. de Bausset, ancien évêque d'Alais, déclina la proposition.

M. de Bausset, que nous venons de nommer, n'apprécioit pas moins que M. de Boulogne les ressources qu'offroient le savoir varié et l'étonnante mémoire de M. Picot. Un ecclésiastique étant allé lui demander un renseignement sur un point de l'histoire de l'Eglise : « Adressez-vous à M. Picot, lui dit-il, il est ma Providence. Depuis que je le connois, je ne perds plus mon temps à des recherches pénibles, et, dès qu'une question m'embarrasse, au lieu de feuilleter l'un après l'autre de nombreux volumes, j'interroge M. Picot. Il ne manque jamais, après une minute de réflexion, de m'indiquer à coup sûr le tome et la page où je trouverai ce dont j'ai besoin. » Combien de fois n'avons-nous pas expérimenté, comme l'illustre cardinal, et l'érudition et la complaisance inépuisable de celui qu'il appeloit, avec tant de grâce, *sa Providence !*

Les hommes les plus savans s'honoroient de leurs rapports avec M. Picot. Il étoit lié avec le baron de Sainte-Croix, qui lui demanda de travailler à l'*Histoire littéraire de la France,* commencée par les Bénédictins, et que l'académie des Inscriptions vouloit continuer. Il rédigea alors une Notice sur saint Bernard : mais, Daunou ayant fait le travail sur ce Père, celui de M. Picot lui resta. Ce fut le baron de Sainte-Croix, mort en 1809, qui fit connoître à M. Picot M. le marquis de Fortia d'Urban, le Nestor des savans contemporains, avec lequel il demeura en relation jusqu'à sa mort.

En 1811, la police impériale supprima les *Mélanges*. Dès-lors, M. Picot employa ses loisirs à rédiger des articles pour différens journaux, et à donner des leçons de littérature à des jeunes gens choisis.

Le 28 avril de cette année, M. l'abbé Emery, qui avoit été l'un des mobiles de ses succès littéraires, fut enlevé à l'Eglise. M. Picot offrit un tribut de reconnoissance à la mémoire de cet homme vénérable, en composant une *Notice sur sa vie et ses écrits*. Il expose à la fin, d'une manière touchante, ses rapports avec l'ancien supérieur-général de Saint-Sulpice. Elle étoit destinée à figurer en tête des *Pensées de Descartes*, que M. Emery faisoit imprimer lorsqu'il mourut : mais la police en exigea la suppression.

Cinq ans s'étoient écoulés depuis la publication des *Mémoires* dont l'édition étoit presque épuisée, lorsqu'on vit paroître un gros volume sous ce titre imposant : *La vérité et l'innocence vengées contre les erreurs et les impostures d'un livre intitulé :* MÉMOIRES, etc. *par L. B. L., ancien professeur de théologie.* Ce théologien étoit le P. Lambert, Dominicain, qui étoit plus d'une fois descendu dans l'arène pour la défense du jansénisme, dont on le regardoit comme le dernier appui. M. Picot avoit fait,

dans les *Mélanges*, une critique du livre aussi scandaleux que ridicule, publié, en 1805, par ce religieux, sous le titre d'*Exposition des prédictions et des promesses faites à l'Eglise pour les derniers temps de la gentilité :* le P. Lambert voulut user de représailles contre les *Mémoires*. L'homme qui ne rougissoit pas de reprocher à Fénelon son *ignorance en théologie*, sa *coupable profanation* dans la composition du *Télémaque*, sa *ridicule méprise* à poursuivre le fantôme du jansénisme ; l'homme qui appliquoit à Clément XI les épithètes de *perturbateur*, de *prévaricateur*, de *profanateur*, appela à son secours, contre M. Picot, les épithètes les plus âcres du vocabulaire, et ne vit dans le livre du savant écrivain qu'une *insipide gazette* et une *triste rapsodie*. Le fond de ce libelle répondoit à la forme : le P. Lambert en avoit destiné toute la première partie à prouver que le jansénisme étoit un fantôme. Il n'y avoit qu'une réponse à lui faire : c'est que, les *Mémoires* étant un ouvrage historique, c'étoit par les faits qu'il falloit les réfuter. M. Picot pouvoit lui dire : « Votre cause a été jugée. Ce n'est pas à moi à la remettre de nouveau en question. Vous vous plaignez d'avoir été condamné à tort. Adressez-vous au juge qui a prononcé l'arrêt. Quant à moi, je suis et dois être hors de cause. Je n'écris que d'après des pièces authentiques ; je raconte des faits ; je marche à la suite de l'autorité. C'est le plus sûr pour vous comme pour moi (1). » Non-seulement l'auteur des *Mémoires* se consola de cette vaine attaque ; mais il se tint pour honoré des procédés hautains et des expressions injurieuses d'un homme

(1) *Mémoires*, t. 1, p. xxxij.

qui avoit si audacieusement levé le masque.

Quand la première édition des *Mémoires*, accueillie avec un si vif empressement, fut épuisée, on en demanda la réimpression : la censure impériale s'y opposa (1). M. Picot, comptant sur des temps meilleurs, ne laissa pas que de préparer une édition nouvelle.

Il avoit spécialement à cœur d'écrire avec exactitude l'histoire du prétendu concile tenu à Paris en 1811. Outre les pièces et les matériaux qu'il se procura, il interrogea plusieurs personnes qui avoient été à portée de suivre les événemens et d'en observer les ressorts secrets. Parmi ces personnes, son amitié intelligente distinguoit M. l'abbé de Quelen, mort glorieusement archevêque de Paris, et M. l'abbé Feutrier, mort évêque de Beauvais, tous deux attachés au cardinal Fesch, de qui ils avoient dû apprendre de curieux détails. Ils promirent de recueillir leurs souvenirs, et ce fut à la suite d'une réunion amicale chez M. Picot, que ce dernier, modifiant son récit d'après leurs communications, écrivit l'un des morceaux les plus importans de la nouvelle édition de ses *Mémoires*.

L'annonce seule de cette édition suscita un second antagoniste à leur auteur. En 1814, plus de trois ans après le gros volume du P. Lambert, parut une brochure de M. Silvy, sous ce titre : *La vérité de l'histoire ecclésiastique rétablie par des monumens authentiques contre le système d'un livre intitulé :* MÉMOIRES, *etc., par un ancien magistrat.* Nourri, comme le P. Lambert, dans un tendre attachement pour la cause de

(1) *Ami de la Religion*, t. II, p. 332.

l'appel, aussi peu réservé que lui à l'égard des papes et des évêques, il n'imitoit pas toujours cependant le ton emporté du Dominicain. Ce nouvel effort des jansénistes ne fut pas plus heureux que le précédent.

Quelques hommes de ce parti infatigable concouroient à la rédaction de la *Biographie universelle* de M. Michaud. Dans les premières livraisons, les matières ecclésiastiques avoient été confiées à Tabaraud et à plusieurs de ses amis, qui jetèrent, on le pense bien, une teinte de jansénisme sur leurs articles. L'éditeur, mieux avisé, désira que l'histoire ecclésiastique moderne fût traitée par M. Picot, et ce dernier répondit complétement à l'idée qu'on s'étoit formée de son orthodoxie. Toutes les notices qu'il a données à cette vaste collection, avec un désintéressement égal à son zèle (car il ne songeoit qu'à la préserver de taches qui l'eussent déparée), sont remarquables par les meilleurs principes, par l'exactitude, et par une entente parfaite du genre. Diderot fut en 1814 l'objet de son premier article, et le cardinal de Latil celui du dernier, achevé la veille même de sa mort. Entre ces deux articles se placent avec honneur ceux qu'il consacra à M. de Boulogne, à Grégoire, à l'abbé Legris-Duval, au cardinal Maury, etc., noms plus célèbres, que nous nous bornons à citer au milieu de tant d'autres.

Avec les princes légitimes, la liberté avoit reparu sur le sol de la France. M. Le Clere père en profita pour publier l'*Ami de la Religion et du Roi*, journal ecclésiastique, politique et littéraire, dont le titre répondit aux sentimens religieux et monarchiques qui se manifestoient avec tant de vivacité. M. Picot, chargé de la rédaction de ce nouveau recueil, en fit paroître le premier numéro le 20 avril 1814, et un article *sur la Providence dans la dernière révolution* ouvrit la série de ces appréciations judicieuses que l'habile rédacteur, alors dans toute la force de l'âge et dans toute la vigueur de son talent, devoit multiplier pendant vingt-six années. Journal ecclésiastique, l'*Ami de la Religion* devint, sous sa direction, l'organe du clergé, dont les plumes les plus illustres lui apportoient successivement un précieux tribut.

Cette publication fut interrompue durant les Cent-Jours; mais on la reprit le 12 avril 1815, pour la continuer sans interruption nouvelle.

L'année 1815 vit paroître les trois premiers volumes de la seconde édition des *Mémoires pour servir à l'Histoire ecclésiastique pendant le* XVIIIe *siècle*. Sans changer le plan de son ouvrage, l'auteur y avoit fait des additions importantes. Les considérations sur l'état de la religion et de l'Eglise au commencement du XVIIIe siècle, par où il entroit en matière, se trouvoient développées et divisées en trois parties : au lieu d'une esquisse, M. Picot présentoit un tableau.

Dans le corps des *Mémoires*, il donnoit cette fois de curieux détails sur les Eglises étrangères, et à l'histoire de la religion il mêloit celle des livres philosophiques dont l'influence avoit provoqué d'effroyables catastrophes; guerre, en effet, plus terrible dans ses procédés et plus dangereuse dans ses résultats, que celle que les Ariens ou les prétendus réformateurs du XVIe siècle firent autrefois à l'Eglise.

Libre enfin de dire la vérité, non-seulement M. Picot rectifia les erreurs ou remplit les lacunes qu'il avoit été obligé de laisser dans le récit des événemens qui se rattachoient aux cinq premières années du siècle actuel, mais il poursuivit son récit jusqu'à la fin de 1815, mettant les hommes et les faits sous leur véritable jour, sans oublier toutefois les égards que prescrit la modération et la juste mesure avec laquelle il convient de parler de personnages récens.

M. Picot aimoit surtout à ramener les événemens à leurs causes, et la biographie, élément principal de l'histoire, en devenoit à ses yeux l'appendice obligé. Comme supplément aux trois volumes donnés en 1815, il en publia, l'année suivante, un quatrième, qui comprenoit la liste chronologique des écrivains du XVIIIe siècle, considérés principalement sous le rapport religieux, soit qu'ils eussent appartenu à la religion catholique ou aux autres communions chrétiennes, soit qu'ils eussent été favorables ou contraires à la révélation. Ce travail, entièrement neuf, étoit d'autant plus nécessaire que, dans la plupart des Dictionnaires historiques publiés jusqu'alors, la partie ecclésiastique étoit traitée avec beaucoup de négligence et d'inexactitude.

Il falloit être doué d'une singulière aptitude aux exercices de l'esprit pour faire marcher de front une publication de cette importance avec un journal bis-hebdomadaire, qui réclamoit une application presque constante.

Parmi les coopérateurs bienveillans de l'*Ami de la Religion et du Roi*, nous devons nommer l'abbé

Frayssinous, célèbre auteur des conférences de Saint-Sulpice, et l'abbé F. de La Mennais, dont la liaison avec M. Picot fut long-temps intime.

A trente-quatre ans, ce dernier n'étoit pas encore ordonné prêtre. Mais un jour il vint faire part de sa résolution à son ami. M. Picot le félicitoit. «Et vous, reprit M. de La Mennais, ne vous déciderez-vous pas à embrasser le même parti? » La santé, l'âge et les travaux de M. Picot dans une position où il pouvoit rendre des services à l'Eglise, furent les motifs qu'il allégua à son interlocuteur. « Vous avez tort, » répliqua celui-ci ; et les paroles qu'il ajouta à ces premiers mots firent comprendre à M. Picot qu'à la veille de monter à l'autel M. de La Mennais eût peut-être mieux fait de n'en pas franchir les degrés. Le sacerdoce n'est qu'une charge qu'on ne sauroit s'imposer sans crainte ; et bien grande est l'illusion de celui qui, à côté de la responsabilité qu'il accepte, entrevoit un mobile pour des succès littéraires (1).

Mais déjà M. de La Mennais étoit presque tout entier à sa gloire comme penseur et comme écrivain. Déjà il s'enivroit de sa parole, importuné de la réputation des célébrités contemporaines, qui, telles que l'abbé Frayssinous, occupoient l'opinion publique, ou des célébrités histori-

riques qui, telles que Bossuet, étoient depuis long-temps en possession des hommages de la postérité. Au milieu d'une discussion assez vive sur le génie, M. Picot demanda à M. de La Mennais s'il en reconnoissoit à Bossuet. « De l'érudition, de l'esprit, sans doute, répondit ce dernier : mais Bossuet n'avoit pas de génie.—Comment ! Bossuet n'avoit pas de génie ? — Non , le génie invente, et Bossuet n'a rien inventé. » M. Picot, en rapportant ce trait de M. de La Mennais, qui refusoit le génie à l'aigle de Meaux, faisoit remarquer avec à-propos qu'il est des *inventions* malheureuses désavouées par la foi et foudroyées par le Saint-Siége.

Tout en s'affligeant de voir son ami préoccupé sans mesure de l'éclat de ses destinées littéraires, M. Picot lui demeuroit profondément attaché. Il est vrai qu'à une tête ardente, M. de La Mennais allioit un cœur excellent, dont la vive sensibilité s'épancha de la manière la plus touchante à la nouvelle de la mort d'un frère, qui fut enlevé pendant un voyage sur mer, et de la mort non moins inattendue d'un jeune Anglais que M. de La Mennais avoit eu le bonheur de convertir pendant son séjour à Londres. M. Picot rappeloit souvent ces deux traits, car il avoit la mémoire du cœur.

La plus douce confiance présidoit aux promenades solitaires des deux amis. Pendant ces excursions, délassement nécessaire d'un travail persévérant, M. de La Mennais lisoit ou récitoit à M. Picot des fragmens du premier volume de l'*Essai sur l'indifférence en matière de religion*. Auditeur charmé , ce dernier encourageoit l'auteur par son ap-

(1) On a dit, et plusieurs croient peut-être encore, que M. de La Mennais fit ses études à Saint-Sulpice. Il n'a point étudié la théologie à Paris, et nous sommes fondés à penser qu'il n'a jamais habité aucun séminaire. Avant de recevoir le sous-diaconat, il vint au séminaire de Paris faire la retraite préparatoire de six jours. Il a reçu les autres ordres en Bretagne.

probation. Ces communications furent souvent répétées. M. Picot connut ainsi le volume presque entier, avant que le public fût admis à le lire.

Il avoit prédit un succès : ce succès éblouit M. de La Mennais, et l'enthousiasme dont ce dernier étoit l'objet, réagissant sur son caractère, les relations des deux amis ne furent plus aussi suivies. Désormais, pour arriver à l'auteur dont l'astre venoit de se lever radieux, il falloit fendre la presse de ses jeunes admirateurs. La flatterie faisoit oublier les droits de l'amitié. Elle ne retrouvoit l'ascendant d'autrefois que dans des réunions à l'écart, qu'on eût multipliées naguère, qu'on fuyoit presque maintenant. « Oui, répétoit M. Picot avec une douloureuse énergie, ce sont les flatteurs, les imprudens amis, les louanges excessives qui ont perdu M. de La Mennais : l'adulation lui a tourné la tête. »

Avant la publication du premier volume, l'auteur de l'*Essai* ne souffroit pas volontiers la contradiction : après, il crut que son jugement étoit un oracle infaillible. Dès-lors, on dut se résigner ou à l'approuver ou à se taire. Ce fut, pour quelques-uns, un motif de se retirer, en l'abandonnant à sa présomption. M. Picot, plus indulgent, ne s'éloigna pas.

M. de La Mennais composoit un volume nouveau, où il jetoit, selon son expression favorite d'alors, les fondemens de sa philosophie, lorsqu'il proposa à son ami une longue promenade. Loin du tumulte de Paris, il tira de sa poche un gros cahier : c'étoit en germe le second volume. L'auteur n'y faisoit quartier à aucun des philosophes qui l'avoient précédé ; il y traitoit surtout Descartes avec une hauteur dédaigneuse ; il s'y plaçoit sans façon au-dessus de tous les rois de l'intelligence. Etonné, mais prudent malgré son émotion : « Que vous en semble ? hasarda M. Picot ; n'allez-vous pas trop loin ? — J'ai dû suivre la vérité dans ses hauteurs, lui fut-il répondu, et la poursuivre dans ses dernières conséquences. » On revenoit. M. Picot arrêta son ami pour lui adresser encore quelques observations, et l'engager, dans l'intérêt de sa gloire comme dans celui de la vérité, à modifier son système. M. de La Mennais garda d'abord le silence ; il parut réfléchir : « Monsieur, dit-il enfin avec vivacité, je ferai un troisième volume pour vous répondre. Là vous aurez toutes les explications désirables. » Cette promenade fut la dernière.

La vieille certitude sur laquelle le genre humain reposoit sa foi, trouva des défenseurs ; les séminaires s'émurent ; et les professeurs de philosophie attaquèrent devant leurs élèves et réfutèrent en forme le système de M. de La Mennais. Mais la division se mit dans le camp du Seigneur ; il se forma un parti *Mennaisien ;* et on vit renaître chez ses adhérens toute l'ardeur qui animoit naguère d'autres novateurs, disciples de Jansénius. L'*Ami de la Religion et du Roi* ne pouvoit se dispenser d'émettre un avis : il parla après toutes les autres feuilles, car il lui coûtoit de parler. Une lettre, écrite par M. Picot le 12 septembre 1840, à un jeune écrivain qu'il encourageoit de sa bienveillance, montrera jusqu'où alla la modération que lui inspiroit l'amitié. « M. l'archevêque de..., alors évêque de..., y dit-il, m'envoya dans le temps quelque chose contre M. de La Mennais : je le priai de me dispenser de l'insérer, parce que je ne voulois pas aigrir un homme qui n'avoit pas encore tout-à-fait jeté le masque. » On n'en a pas moins accusé M. Picot d'avoir, par une critique incessante, poussé le novateur vers l'abîme. « M. l'évêque de..., ajoute-t-il dans la lettre citée, ayant su le reproche qu'on me faisoit, m'écrivit que lui et plusieurs de ses collègues m'en avoient fait longtemps un tout contraire : ils trouvoient que je ménageois trop un homme dont l'orgueil s'exaltoit de plus en plus. » Cependant, les écrits de M. de La Mennais devenant de jour en jour plus intolérables, les ménagemens étoient impossibles : « Je crus, disoit M. Picot, qu'y persévérer plus long-temps seroit trahir la cause de l'Eglise. » Il parla donc, et sa voix, écho de celle des évêques, détacha du parti de M. de La Mennais une foule d'esprits abusés : service signalé dont l'Eglise de France doit tenir compte à sa mémoire, mais hardiesse qui fut, pour l'*Ami de la Religion et du Roi*, une source de contradictions. Des feuilles rivales, le *Mémorial catholique* et plus tard l'*Avenir*, l'attaquèrent ; et tel des amis de M. de La Mennais, espèce de commis-voyageur du parti, ne dédaigna pas de colporter de diocèse en diocèse les préventions de l'amour-propre blessé. M. Picot n'avoit pas voulu s'avancer jusqu'à l'erreur : on accusa son zèle *retardataire* de *rétrograder* dans l'*ornière* des *préjugés*.

« Et ce qu'il y a de plus piquant, disoit souvent M. Picot, avec ce fin sourire qu'on lui a connu, c'est que ces hommes qui ont pris à tâche de décrier le Journal et mes opinions, d'un bout de la France à l'autre, s'en vont proclamant partout que je répondrai devant Dieu des retraites, des prédications et de la confiance des évêques que je leur ai enlevées. »

Impassible devant l'injure, le rédacteur de l'*Ami de la Religion et du Roi* vit passer et s'évanouir les feuilles qui menaçoient vainement son Journal ; il entendit et oublia les éclats d'une colère impuissante ; et, généreux envers celui qui n'avoit point perdu à ses yeux les droits d'une ancienne amitié, il refusa, dans ces derniers temps, d'admettre la critique d'un libelle de M. de La Mennais. « J'ai de la répugnance à parler de lui, dit M. Picot à l'auteur de cet article. A quoi bon l'attaquer maintenant ? Je ne l'ai jamais fait qu'à regret ; et, aujourd'hui qu'il est tombé si bas, son malheur est pour moi un nouveau motif de me taire ; car enfin j'ai été son ami. »

Contraste bizarre ! Pendant que les partisans de M. de La Mennais mêloient à leurs reproches contre M. Picot celui de ne défendre qu'avec tiédeur les droits du Siége apostolique, les Jansénistes, auxquels l'habile rédacteur fit une guerre constante depuis l'établissement du Journal jusqu'à sa retraite, l'appeloient la *trompette de l'ultramontanisme*. Tabaraud fut, dans ce parti décrié, le principal objet des traits de M. Picot.

Après la haine des jansénistes, le rédacteur de l'*Ami de la Religion et du Roi* avoit surtout mérité celle des intrus et autres constitutionnels. Parmi ces derniers se distinguoit le fameux Grégoire.

« J'ai toujours aimé, racontoit M. Picot,

à me trouver face à face avec les personnes que je savois être courroucées contre moi, ou plutôt contre mes critiques de leurs ouvrages ou de leurs actes. Long-temps je cherchai l'occasion de rencon-trer l'évêque de Loir-et-Cher, le conven-tionnel Grégoire, qui ne m'aimoit pas le moins du monde.

« Un vendredi de la Semaine sainte, de fort bon matin, j'étois allé prier au tom-beau dans l'église des Carmes. Après mes dévotions, je me levois pour sortir, quand je fus frappé de voir, agenouillé non loin de moi, un vieillard dont la douillette violette sembloit indiquer un évêque. En se levant au même instant, le personnage me laissa apercevoir son anneau et sa croix. Grégoire aimoit à ne pas quitter ces insignes, et il ne pardonna jamais à Buonaparte de l'avoir contraint de paroî-tre devant lui avec l'épée de sénateur, lui refusant ainsi le caractère épiscopal auquel il tenoit singulièrement. A pareil jour, et dans cette église des Carmes inondée du sang de tant de saints pontifes immo-lés par les amis de l'évêque constitution-nel, je crus devoir saisir cette occasion de connoître ses sentimens actuels. Peut-être, me disois-je, touché de son re-cueillement en la présence de N. S. Jé-sus-Christ, peut-être que sa foi aura adouci ses opinions rebelles. Je le de-vançai au bénitier, et lui présentai l'eau bénite, qu'il accepta en fixant sur moi un œil très-vif et peu engageant. *Bonjour, monsieur l'abbé*, lui dis-je, dès que nous nous trouvâmes dans la cour. *Insolent!* me répondit-il ; *sachez que je suis l'ancien évêque de Blois*. Et, se rapprochant d'une personne âgée qui paroissoit à son ser-vice, il refusa de continuer la conversa-tion. M'avoit-il reconnu? Je l'ignore; et j'ignorois également que c'étoit provo-quer chez lui l'irritation la plus ardente que de ne pas l'appeler *Monseigneur*. On sait qu'à sa dernière heure, il n'a pas mieux accueilli les ministres fidèles qui vouloient réconcilier son ame avec l'E-glise. Et pourtant j'avois bien désiré pour lui cette paix... »

Si l'animadversion des jansénis-tes, des constitutionnels et des par-tisans extrêmes de M. de La Men-nais poursuivoit M. Picot, il étoit amplement dédommagé de ces con-tradictions par l'approbation du Saint-Siége. Son attachement pour le pontife romain, successeur de Pierre, tenoit de l'affection filiale : aussi les témoignages de satisfac-tion qui lui vinrent du centre de la catholicité remuèrent bien plus son cœur qu'ils ne flattèrent sa vanité. Il envioit le bonheur de ceux qui al-loient à Rome, les y suivoit en es-prit, au retour écoutoit leurs récits avec un vif intérêt, et ce fut pour lui un sacrifice pénible de n'avoir pu porter ses hommages au pied de la chaire éternelle.

Au reste, le cardinal de Bausset a pris soin, dès 1820 (1), de venger M. Picot des reproches si opposés de ses adversaires, en disant que le ré-dacteur de l'*Ami de la Religion et du Roi* étoit « connu par son attache-ment inébranlable aux saines doctri-nes et par une instruction devenue bien rare dans les matières ecclé-siastiques. » Ce jugement, sous la plume d'un tel écrivain, étoit pro-pre assurément à consoler M. Picot.

Ce que nous venons de dire suf-fit pour montrer comment son Journal, dans la spécialité ecclésias-tique et littéraire, justifioit le ti-tre d'*Ami de la Religion*. Dans la spé-cialité politique, il ne justifioit pas moins celui d'*Ami du Roi*. Dévoué du fond de l'ame à cette auguste fa-mille des Bourbons que le libéra-lisme ne poursuivoit qu'en haine de la foi, M. Picot nous racontoit qu'à l'époque de la naissance de M. le duc

(1) Notice historique sur M. l'abbé Le-gris-Duval, p. 8.

de Bordeaux, il s'étoit rendu, plein de joie, chez M. le nonce Macchi. *Un enfant vient de naître à l'Europe*, dit-il au prélat, dont la physionomie rayonna tout à coup à ce mot heureux. Sortie du cœur de M. Picot pour se graver dans le souvenir du nonce, cette parole se retrouva dans le discours de félicitation adressé par le prélat à Louis XVIII; car il y salua le jeune Henri du nom d'*Enfant de l'Europe*.

Nous venons de parler du journaliste : revenons à l'homme, c'est revenir au chrétien.

Disciple du pieux M. Guérard, mort coadjuteur du vicaire apostolique du Tong-King, M. Picot n'apprit qu'avec une consolation profonde la naissance de l'OEuvre pour la Propagation de la Foi. Un conseil central ayant été établi au mois de décembre 1823, il en fit partie à peu près depuis son organisation. Il fut même élevé, le 5 juillet 1839, aux fonctions de vice-président, en remplacement de M. Gossin qui venoit d'y renoncer; et, au mois d'avril 1840, il reçut du Père gardien de la Terre-Sainte un brevet de chevalier du Saint-Sépulcre, à l'occasion des services rendus par l'Association qu'il concouroit à diriger. Zèle, assiduité, lumières, telles étoient les ressources que ses collègues trouvoient en lui. Aussi aiment-ils à reconnoître sa juste part dans des travaux que Dieu a bénis, et qui ont amené l'état prospère d'une OEuvre, moyen si puissant de salut et de civilisation.

Appliqué tout à la fois au Journal et aux bonnes œuvres, M. Picot, qui multiplioit son temps par son zèle, en consacra une partie à l'étude approfondie du XVIIe siècle.

M. Jauffret, mort évêque de Metz, publiant un écrit sur les *Services que les femmes peuvent rendre à la religion*, avoit fait suivre cet ouvrage, de la *Vie des dames françaises les plus illustres en ce genre* dans le siècle que nous venons de nommer; et M. Picot avoit composé ces *Vies* pour le prélat. Mais ses recherches sur le XVIIe siècle ne se bornèrent pas à ce point de vue. La mine étoit riche: il y puisa à pleines mains, et songea à retracer les grands résultats de l'esprit de religion, les exemples de vertus, les institutions pieuses, les établissemens de charité, les efforts de zèle que cette époque présente aux regards étonnés du chrétien. De là son ouvrage en 2 volumes in-8°, publié en 1824, sous le titre d'*Essai historique sur l'influence de la religion en France pendant le XVIIe siècle* : livre excellent, mais moins connu qu'il ne mérite de l'être. En effet, dirons-nous avec le judicieux auteur :

« Dans un temps où la religion a tant perdu de son influence, il n'est pas inutile peut-être de montrer celle qu'elle obtint jadis parmi nous, et de faire sentir tout ce qu'elle sut enfanter pour le bonheur des hommes. Entourés de ruines, nous nous consolons en nous rappelant tout ce qu'ont fait nos pères; et nous opposons involontairement leur piété à notre indifférence, leur charité à notre égoïsme, leur zèle à notre froideur, les monumens qu'ils ont élevés à ceux que produit notre siècle. »

Le 5 juin 1824, M. J. A. Sala, en envoyant à M. Picot, de la part de Léon XII, un chapelet de cornaline, lui écrivit ces mots flatteurs : « D'après cette marque de bonté, vous serez convaincu que Sa Sainteté vous regarde avec une affection toute paternelle, et que le Saint-Père honore vos talens ainsi que le zèle dont vous êtes animé. » Le 6 juillet suivant, le même Pape, à qui M. Picot avoit fait hommage de son *Essai historique*, daigna l'en remercier par une lettre souscrite de sa propre main. Deux années après, ayant reçu un exemplaire des *Mémoires*, ce pontife adressa, le 18 juillet 1827, à M. Picot un Bref où il parloit, non-seulement de l'excellent ouvrage qui lui avoit été offert, mais du *zèle assidu et infatigable* avec lequel son auteur défendoit la cause de la religion et de l'Eglise contre leurs ennemis *de toute sorte* (1) : expression fort remarquable dans les conjonctures où l'on se trouvoit alors.

En 1826, M. Picot fut chargé de publier les *Sermons* de M. de Boulogne, évêque de Troyes : il mit à la tête une Notice étendue, qui fait bien connoître ce prélat. Après les *Sermons*, il publia, en 1827, les *Mandemens ;* puis, sous le titre de *Mélanges*, le recueil des articles insérés par M. de Boulogne dans plusieurs journaux, et notamment dans les recueils périodiques rédigés, comme nous l'avons dit, sous des noms divers, depuis 1797 jusqu'en 1809. Ces *Mélanges* sont précédés d'un *Tableau politique et religieux de la France sous le Directoire*, et d'un *Précis historique sur l'Eglise constitutionnelle*, de 146 pages : morceau précieux, qui permet de juger avec exactitude une époque aujourd'hui si peu connue, et si défigurée par les historiens de la révolution.

Les événemens de 1830 contristèrent M. Picot sans le surprendre. L'*Ami de la Religion et du Roi* avoit

suivi de trop près la tactique du libéralisme pour ne pas connoître, avec son but, ses chances de succès. Le trône s'étoit écroulé ; l'autel seul restoit debout. M. Picot comprit qu'il falloit modifier le titre du Journal, et dès-lors il ne fut continué que sous celui d'*Ami de la Religion*.

Bien digne de cette dénomination honorable, le recueil que dirigeoit M. Picot soutint avec une intrépidité toute chrétienne, en présence de l'insurrection triomphante, les droits de la religion méconnue. Plus que jamais, l'ami de M. Frayssinous justifia cette parole qui lui avoit été dite un jour par l'évêque d'Hermopolis : « Vous êtes le *vidame* du clergé : » mot charmant, et qui ne pouvoit trouver une plus heureuse application. On lira dans les premières pages du tome LXV de courageux articles d'où jaillissoit la plus vive lumière sur les événemens qui venoient de désoler Paris et sur le pillage de l'Archevêché, épisode à jamais honteux d'un drame qui tenoit alors toute la France émue.

Nous citerons surtout l'article du 14 août 1830 : *Sur les causes et quelques circonstances de la dernière révolution*, terminé par ces remarquables paroles :

« Si un roi est coupable parce qu'il s'efforce de réprimer une sédition, il faudra donc flétrir la mémoire de Henri IV, de ce prince qui conquit son royaume, qui assiégea Paris, qui eut si long-temps les armes à la main pour réduire ses sujets, qui les combattit en bataille rangée. Henri IV auroit donc mérité la déchéance encore mieux que Charles X ; et celui-ci, en se défendant contre une multitude armée, ne fit que suivre l'exemple de son aïeul. L'un n'est

_____

(1) Omnis generis hostes.

pas plus coupable que l'autre. Peut-être, dans le temps, quelques fanatiques accusèrent-ils Henri IV de cruauté : la postérité l'en a bien vengé. Elle a vengé Louis XVI du reproche de tyrannie : elle vengera de même Charles X contre ceux qui ont osé l'appeler un homme *féroce*, qui ont dit qu'il avoit *noyé la charte dans le sang*. Elle lui appliquera justement ce que Bossuet disoit de Charles Ier : « Que lui peut-on reprocher, sinon la » clémence ? Je veux bien avouer de lui ce » qu'un auteur célèbre a dit de César : » *Qu'il a été clément jusqu'à être obligé de » s'en repentir.* Que ce soit donc là, si » l'on veut, l'illustre défaut de Charles » aussi bien que de César. »

Le *Constitutionnel* s'irrita de ce qu'une main si sûre levoit une partie du voile, et son numéro du 17 août 1830 contint, *sur les agitateurs congréganistes*, un article où M. Léon Thiessé accusoit l'*Ami de la Religion* d'avoir provoqué et essayé de justifier les ordonnances, exposant ainsi les éditeurs du Journal à voir fondre sur eux un orage populaire. Les violences s'annoncèrent bientôt ; et, si M. Thiessé n'avoit été personnellement disposé à modérer la polémique du *Constitutionnel*, l'émeute qui menaça les bureaux de l'*Ami de la Religion* auroit eu les suites les plus funestes.

Nous ne mentionnons ici le changement survenu dans les conditions de périodicité du Journal, qui finit par paroître trois fois par semaine, au lieu de deux, que pour faire voir combien M. Picot tenoit peu compte d'un surcroît de travail, dès que ce travail étoit utile.

Son zèle, loué par Pie VIII comme par Léon XII, ne le fut pas moins par S.S. Grégoire XVI. Les dons précieux qu'il reçut de ces trois souverains pontifes étoient une approbation de l'esprit qui présidoit à l'*Ami de la Religion*. On n'en put douter, quand un Bref du 20 février 1835 créa M. Picot chevalier de la Milice d'Or. En effet, c'étoit bien le Journal que le Siége apostolique honoroit dans la personne de son auteur, lorsque le Pontife romain disoit :

« Nous n'ignorons pas que, doué d'un talent non médiocre, imbu des meilleurs principes et recommandable par la piété et la vertu, vous travaillez constamment avec un zèle, un soin et une prudence singulière, et au grand avantage de la religion catholique, à rédiger convenablement et à publier le recueil qui a pour titre : L'*Ami de la Religion*, et que vous y montrez un parfait dévoûment pour nous et pour ce Siége apostolique. En conséquence, nous avons résolu avec plaisir et empressement de vous donner quelque marque de notre bienveillance, afin d'attester publiquement que vous avez bien mérité de la religion catholique. »

M. Picot dit de son Journal, à l'occasion de ce Bref si honorable (1) :

« Plus d'une fois, il fut mal jugé par certaines personnes, parce que nous attaquions des opinions qui leur étoient chères : mais, depuis, le Saint-Siége s'est prononcé sur ces mêmes opinions, et il a bien fallu reconnoître que notre critique n'étoit point injuste, et que nos craintes n'étoient que trop fondées. Des personnes qui font profession de respecter les moindres paroles émanées du Saint-Siége, doivent donc renoncer à des préventions trop légèrement conçues. »

L'*Ami de la Religion* continua de paroître sous la direction de M. Picot jusqu'au 1er octobre 1840. Il lui en coûtoit de se détacher d'une publi-

____

(1) *Ami de la Religion*, t. LXXXIV, p. 555.

cation à laquelle il avoit lié son existence, et qui avoit été entre ses mains l'instrument d'un grand bien. Mais, avec les années, Dieu lui envoyoit des infirmités qui faisoient pressentir le terme de sa vie laborieuse. On crut qu'il devoit consacrer ses derniers jours à préparer une troisième édition de ses *Mémoires*, où il utiliseroit les riches matériaux recueillis, pendant vingt-cinq années, moins encore dans les livres publiés depuis la restauration, que dans les intimes confidences des plus illustres personnages de l'Eglise, sur les mobiles secrets des affaires ecclésiastiques. Peut-être eût-il, par affection pour le Journal, résisté à un simple conseil : il fléchit devant une sorte d'obligation de conscience ; et, dégagé du fardeau que son amitié nous avoit transmis, avec promesse de nous aider de bienveillans conseils, il s'appliqua tout entier à l'œuvre qui devoit être son testament littéraire.

« Je m'occupe de mes *Mémoires*, écrivoit-il le 28 juin 1841 à un ami, et je n'en fais pas un mystère : ce travail m'intéresse beaucoup. Ce ne sera point proprement une nouvelle édition, ce sera un nouvel ouvrage. »

Pour récompenser les services de l'ancien rédacteur de l'*Ami de la Religion*, S. S. Grégoire XVI lui conféra le titre de commandeur de l'ordre de Saint-Grégoire-le-Grand. Le Bref du 27 novembre 1840, qui éleva M. Picot à cet honneur, ne fut pas moins explicite que celui du 20 février 1835, car il y étoit dit :

« Comme nous n'ignorons pas que, né d'une famille honnête, élevé dans les meilleurs principes, et estimé pour la sagesse de la doctrine, vous avez été à la tête d'un Journal bien apprécié, qui avoit pour but de défendre et de propager la religion catholique, que vous avez bien mérité de la république chrétienne et de la société, et que vous avez donné des preuves non équivoques de votre profond respect pour nous et pour le Siége apostolique : en conséquence, nous avons cru devoir vous accorder une marque spéciale de notre bienveillance. »

Puisque l'*Ami de la Religion* a été l'œuvre principale de M. Picot, nous croirions laisser cette Notice incomplète, si nous n'ajoutions pas ici quelques mots sur les écrivains qui l'aidèrent souvent de leur plume, et sur les illustres amitiés dont le Journal fut pour lui l'occasion.

Rien ne seroit plus curieux que la liste des collaborateurs, ecclésiastiques surtout, que M. Picot fit intervenir pour les articles *de fonds* de l'*Ami de la Religion*. Depuis MM. de Boulogne, Frayssinous, Clausel de Montals, jusqu'à MM. Cottret, Affre et autres prélats non moins distingués, le Journal s'honora du concours des prêtres les plus éminens par leur science et par la juste considération dont ils étoient investis. M. L'Ecuy, ancien abbé général de l'ordre de Prémontré, fut peut-être celui dont les travaux étoient le plus assidûment réclamés. M. F. de La Mennais et M. de Salinis, alors son disciple, fournirent plusieurs articles remarqués : mais, dans le compte que M. de La Mennais rendit du célèbre livre *du Pape*, œuvre d'un catholique, homme de génie, M. Picot crut entrevoir des exagérations devenues depuis si fameuses dans l'*Avenir*. Dans la lutte qu'il fallut ensuite soutenir contre le même M. de La Mennais et son école, dans cette guerre de tous les jours que le *Mémorial* et l'*Avenir* avoient déclarée à la sagesse de l'*Ami de la Religion*, M. Picot s'aida beaucoup, on le sait, du talent et de la dialectique de M. Affre ; et c'est de la même plume que partirent les meilleurs traits contre le romantisme et l'inexactitude de certains prédicateurs en renom. MM. Clausel de Coussergues, Jammes, Receveur, etc., et dans les derniers temps MM. Chatenay, Dassance, Delacouture, concoururent plus ou moins à la rédaction du Journal. M. Picot, dont la discrétion égaloit la modestie, renvoyoit à chacun de ses collaborateurs anonymes le mérite et la louange, ne se réservant, disoit-il, que les *coups de boutoir* qui pouvoient survenir. En voici un exemple.

Lorsque M. de Quelen eut la haute pensée d'établir son cours de Conférences à Notre-Dame, tout le monde applaudit à cette espèce de mission nouvelle, dont le succès est aujourd'hui si bien constaté. Le prélat ouvrit lui-même, le 16 février 1834, ces Conférences, par un discours très-remarquable. Le texte et le plan disoient assez quelles étoient les vues du pontife en un temps aussi difficile et au milieu de tant d'autres prédications : *Nemo*, etc. M. de Quelen, toujours plein de sentimens tendres et généreux dans ses péroraisons, sembla se surpasser en cette circonstance : il fut d'un effet sublime. M. Picot, qui n'avoit pu aller à Notre-Dame, trouva moyen de faire rendre compte de ce discours dans le Journal. Dès que l'Archevêque eut pris connoissance de l'article, il lui écrivit une lettre de remercîmens fort gracieuse, et dans laquelle il se plaignoit seulement de ce qu'on lui avoit prêté de trop belles paroles. « C'est bien là, ajoutoit-il, une plume amie de la grande œuvre que je viens d'inaugurer à Notre-Dame. Pour elle seule, et pour notre Seigneur Jésus-Christ, je suis avide de la louange et du concours de tous. » Le lendemain, M. Picot se présenta à l'Archevêque qui lui tendit les bras pour l'embrasser. « Monseigneur, dit-il, ce n'est pas moi qui ai recueilli votre discours, » et, montrant M. l'abbé Chatenay qui l'accompagnoit, il ajouta : « Voilà le coupable. — Oh ! merci de me l'avoir fait connoître, » répondit le prélat en les embrassant tous les deux. Depuis lors, l'*analyste* des Conférences de Notre-Dame eut toujours sa place près de M. de Quelen, au banc d'œuvre. Voilà comment M. Picot entendoit l'amitié.

Si nul ne fut plus fidèle ami, nul aussi n'eut des amis plus fidèles.

La liste de ceux qui, dans les premiers rangs seulement, plaçoient haut dans leur affection comme dans leur estime cet homme si modeste et si bon, seroit longue à transcrire. Parmi les laïques, nous indiquerions MM. de Bonald et de Marcellus, l'un qui l'a précédé dans la tombe, l'autre qui vient de l'y suivre. Parmi le clergé, nous rappellerions l'abbé Desjardins, qu'il avoit connu à Meung, et qu'il revit à Paris ; M. Emery, qui l'introduisit en quelque sorte dans le monde ecclésiastique, et MM. de Saint-Sulpice chez lesquels il chercha sans cesse des lumières, assez heureux, dans ces derniers temps, pour recevoir aussi les consolations de la religion au sein d'une autre Société célèbre qu'il défendit avec courage ;

M. de Boulogne, M. de Bausset, M. Frayssinous, qui, dans leur carrière devenue si brillante, prêtèrent toujours une oreille amie à ses sages paroles ; M. Feutrier, malgré les fatales ordonnances de 1828; M. Gallard, son compatriote ; M. de Quelen, dont nous avons dit la confiance affectueuse ; et, parmi les chefs vénérés qui gouvernent encore l'Eglise de France, MM. d'Astros, Mathieu, Clausel de Montals; puis, à côté de tant de prélats, les représentans du Saint-Siége, qui tous l'écoutoient avec intérêt et le couvroient de leur estime. C'est au centre de tant d'illustres amitiés que s'écouloit la vie de M. Picot : en connoissant ses relations, on appréciera combien il lui fut donné d'être utile à l'Eglise de France.

Quoiqu'il eût déposé le fardeau de la rédaction de l'*Ami de la Religion*, de temps en temps il envoyoit encore de courts articles au Journal, objet de sa longue prédilection: mais, au mois d'octobre dernier, il nous annonça que pas une minute ne pouvoit être désormais dérobée à ses *Mémoires*. Averti par un accident, il avoit hâte d'y mettre la dernière main.

Plus sérieusement occupé de jour en jour de sa fin prochaine, il voulut, le 10 novembre, indiquer les legs que sa piété destinoit à plusieurs établissemens ecclésiastiques. En ce moment même, la visite d'un jeune prêtre révéla que sa charité s'étoit plusieurs fois chargée, malgré l'honorable médiocrité de sa fortune, de l'éducation des ministres du Seigneur (1). Cette révélation

ne pouvoit surprendre sa famille et ses amis qui, quelque modestes que fussent ses ressources, lui avoient toujours vu faire beaucoup de bien, et le faire avec grandeur.

C'est le lieu de rappeler que la sagesse de son esprit et la sensibilité de son ame présentoient, par leur accord, le caractère le plus touchant. La gravité de ses études n'avoit rien diminué de la simplicité de sa foi : il s'édifioit d'un mot heureux d'un enfant et de la piété naïve d'une femme qui n'avoit d'autres lumières que celles de la grâce.

La fréquente communion étoit l'aliment de cette piété, aussi profonde que sincère, dont toute sa vie avoit été empreinte. Chaque matin, il assistoit à l'autel le prêtre qui, deux fois au moins la semaine, lui donnoit le pain eucharistique; et, lorsqu'il avoit eu le bonheur de communier, on le voyoit, après la messe, absorbé pendant un quart d'heure dans une action de grâces semblable à une extase. Le dimanche 14 novembre, cette action de grâces dura trois fois plus long-temps que de coutume. Le prêtre, inquiet de son silence, s'approcha : mais il vivoit ; seulement sa conversation étoit dans les cieux. C'étoit l'avant-goût des joies auxquelles Dieu alloit l'admettre.

En effet, le soir, au moment où, pour la dernière fois, nous jouis-

---

(1) Si M. Picot encourageoit dans leur vocation les jeunes gens qui se desti-

noient au sacerdoce, il n'avoit pas moins de zèle pour s'opposer à la promotion de ceux qu'il croyoit devoir nuire à l'Eglise. Bien des personnes savent les démarches qu'il fit, en 1827, pour empêcher de parvenir aux ordres sacrés un homme devenu depuis trop fameux par la manière scandaleuse dont il poursuivit M. de Quelen, et de son vivant et après sa mort.

sions de cette conversation si douce et si spirituelle dont rien ne sauroit remplacer le charme, une légère indisposition se manifeste. Nous le quittons : nous ne devions plus le contempler que sur un lit de mort.

Malgré les secours de l'art, mais sans souffrances, et comme s'il entroit dans un paisible sommeil, il remit son ame à Dieu, le lundi 15 novembre 1841, à six heures du matin. Mort bénie : car, si la justice du Seigneur frappe le méchant d'un coup inattendu pour épouvanter ceux qui le méconnoissent, c'est évidemment dans des vues de miséricorde qu'il épargne quelquefois au juste les angoisses du trépas.

Nous ne parlerons pas de ses funérailles : un nombreux cortége d'amis entouroit le cercueil de cet homme vénéré, et la présence de M. l'Internonce apostolique disoit assez que la mort de ce défenseur de la religion étoit une perte pour toute l'Eglise.

Ces mots d'un des prélats de l'Eglise de France que distinguent le plus ses lumières et sa piété, forment la seule oraison funèbre que l'on puisse prononcer sur la tombe de M. Picot.

« C'étoit un homme rare, que l'on ne remplacera pas. Je ne doute pas qu'il n'ait trouvé devant Dieu une sentence favorable. Il a rendu de grands services à la religion, et n'a jamais fait un faux pas dans son Journal. »

Empruntant de nouveau, en présence de la tombe de notre vénérable ami, les paroles de sa Notice sur M. Emery, nous ajouterons :

« Les lettres perdent un écrivain recommandable par la nature et la solidité de ses ouvrages. La société perd un de ses membres les plus vertueux. Enfin, si nous pouvons nous compter pour quelque chose au milieu de si grands intérêts,... nous aussi, nous avons des larmes à répandre : nous perdons un ami, un conseil, nous dirions presque un père. M. Picot prenoit intérêt à nous. Quoique lié avec lui depuis quelques années seulement, il nous témoignoit une confiance dont le souvenir nous touche. Il nous parloit de ses travaux littéraires ; il nous faisoit part d'anecdotes intéressantes sur les hommes et sur les événemens qu'il avoit vus. Il nous parloit de nous-même, et sa bienveillante amitié s'intéressoit à tout ce qui nous concernoit. Si nous aimons à révéler ces marques d'attachement d'un homme si respectable, nous cherchons moins, nous osons le dire, à satisfaire notre amour-propre, qu'à soulager notre douleur et à témoigner notre reconnoissance. L'affection de M. Picot nous étoit extrêmement précieuse, et nous en garderons le souvenir avec une religieuse fidélité..... Moniteur éclairé, père tendre, recevez cette expression de notre vénération. Peut-être ce tribut, quelque foible qu'il soit, servira-t-il à adoucir les regrets de ceux qui vous pleurent. S'ils n'ont pas trouvé en nous un digne interprète de leurs sentimens, ils n'en auroient pu trouver du moins qui les partageât plus sincèrement. Nous unissons nos regrets à leurs regrets ; nous déplorons avec eux la perte commune. Il faut l'avouer, cependant : nos plaintes sont ici un peu intéressées, et c'est plutôt nous que nous envisageons que celui même qui fut l'objet de nos larmes. Pour lui, son sort n'a rien d'alarmant : car sans doute une vie si pleine et si pure aura obtenu sa récompense ; tant de travaux n'auront pas été perdus, et celui qui a promis de tenir compte d'un verre d'eau froide donné en son nom aura mis dans la balance soixante-onze années employées à le louer et à le servir. Il est permis de l'espérer. Ceux qui sont à plaindre, ce sont donc ceux que cet homme juste a laissés sur la terre, et qui, ayant à y combattre encore, n'ont plus pour se diriger, ni l'autorité de ses conseils, ni la leçon de ses exemples. »

Nous ne pouvons mieux terminer cette Notice qu'en rappelant les vers qu'un noble et pieux ami de M. Picot, M. le comte de Marcellus, a consacrés à sa mémoire :

Hic, calamo in terris, vitâque et pectore puro
Divinam nuper legemque fidemque probabat.
Nunc Deus, in cœlo, ostentans quæ credidit, im-
[plet
Pectus amans, simul et vitam calamumque coro-
[nat.

Bon HENRION.

(Extrait de l'*Ami de la Religion.*
N°s 3527, 3529, 3532, 3537, 3538.)

PARIS. — IMPRIMERIE D'ADRIEN LE CLERE ET Cie.
Rue Cassette, n° 29, près Saint-Sulpice.

9 782019 270582